TERRE-CIEL-MER

Huiles sur toile

Série 1

TUGDUAL

TUGDUAL

Copyright © 2020 Tugdual Éditeur
Couverture© : Tropical sucré (Tugdual, 2006)
Tous droits réservés.
ISBN : 979689418698

DÉDICACE

À mademoiselle Bloch, mon institutrice à l'école St Bernard de Plougonven (Bretagne, 1973), qui m'a ouvert à l'art et qui m'a redonné confiance en moi.
À ma puce, ma compagne que j'aime tant.
À ma mère qui m'a transmis le sens du dévouement et la fibre artistique.
À mon père qui m'a légué son sens de l'humour et son inébranlable détermination à la vie.
À mes frères, à ma sœur, et à tous ceux que j'aime.

TERRE-CIEL-MER

TABLE DES MATIÈRES

INTRODUCTION 1

SÉRIE 1 — TERRE-CIEL ET MER 3

LE PONT 5

DEUX SINGES 7

UN LÂCHER DE SUPERSTITION 9

PRÈS DE LA MER 11

RÉVOLUTION INDUSTRIELLE 13

TSUNAMI 15

CERNUNOS 17

LA QUÊTE DU GRAAL 19

AVALON 21

LE TEMPS PASSÉ DES PAPILLONS 23

TROPICAL SUCRÉ 25

DUNE DE FEUILLES ENSOLEILLÉES 27

UN LYNX DANS LA NUIT 29

UN GRAND CORBEAU SUR LA DUNE 31

FORÊT SUCRÉE 33

ICARE LA SOURIS 35

COBRAS 37

SACRIFICE DU SINGE	39
LE ROI DU MONDE	41
RÊVE D'AUTOMNE	43
LA COCCINELLE	45
LE BROCHET	47
LES COLLINES ET LA MER	49
SOUS L'EAU	51
LE DOLMEN SOUS-MARIN	53
LA FEUILLE	55
CONCLUSION	57
À PROPOS DE L'ARTISTE PEINTRE	59

PRÉFACE

Avec ce recueil de peintures (huiles sur toile), qui se passe volontiers d'explications savantes, l'artiste peintre TUGDUAL nous communique sa passion de la peinture à travers une première série de toiles sur les éléments naturels (terre, ciel, mer), la faune et la flore. Dès le premier regard, sur ses toiles, le spectateur est saisi par les associations de couleurs et de matières et leurs mises en perspective. Il ne peut rester insensible aux formes, aux lignes et aux textures. La peinture agit sur nous en nous emportant dans l'univers esthétique de l'artiste. Elle crée un climat émotionnel propice à la rêverie. Elle ébranle la sensibilité de manière positive. Il n'en reste pas moins que le plaisir de contempler les œuvres. Quoi de plus admirable que des peintures où les yeux, le cœur et l'esprit se délectent des beautés ici recensées par le peintre ? La peinture de TUGDUAL est une poésie qui se voit, qui se ressent, qui vit et qui aime. À coup de pinceau, elle raconte des histoires et un pont mystérieux s'établit entre les émotions des spectateurs et les toiles.

Alice Mei Lan,
poétesse (septembre 2020)

TERRE-CIEL-MER

INTRODUCTION

En tant qu'artiste peintre, mes créations (huiles sur toiles dans cette série Terre-Ciel-Mer) et le choix des couleurs ont pour but d'attirer avant tout le regard de celui qui est spectateur.

Le regard suit le pinceau. Le pinceau est guidé par la main qui elle-même obéit à mon esprit rêveur, imaginatif, parfois farfelu et révolté.

Mon moteur créatif est aussi d'apporter du plaisir à l'observateur, une fois le regard capté et peut être de l'amener à réfléchir à travers mes peintures aux êtres, animaux ou choses qui nous entourent.

La série Terre-Ciel-Mer est une série de toiles inspirées par le merveilleux bonheur de mes vacances d'enfant passées sur les dunes de Lampaul Plouarzel face à la mer, face à Ouessant, face au rêve.

TERRE-CIEL-MER

SÉRIE 1 — TERRE-CIEL ET MER

Huiles sur toile

Le pont (2006) 73cm x 60cm
Les deux singes (2007) 92cm x 60cm
Un lâcher de superstition (la chauve-souris) (2006) 73cm x 60cm
Près de la mer (2006) 33cm x 24cm
Révolution industrielle (2007) 92cm x 73cm
Tsunami (2007) 92cm x 73cm
Cernunos[1] (2007) 92cm x 73cm
La quête du Graal (2006) 73cm x 60cm
Avalon (2006) 73cm x 60cm
Le temps passé des papillons (2007) 73cm x 60cm
Tropical sucré[2] (les oiseaux des îles) (2006) 92cm x 73cm
Dunes de feuilles ensoleillées (2006) 35cm x 27cm
Un lynx dans la nuit (2006) 41cm x 33cm
Un grand corbeau sur la dune (2006) 35cm x 27cm
Forêt sucrée (2006) 41cm x 33cm
Icare la souris[3] (2006) 73cm x 60cm
Cobras (2006) 92cm x 73cm
Sacrifice de singe (2006) 92cm x 73cm
Le roi du monde (le bouvreuil) (2003) 81cm x 65cm
Rêve d'automne (l'écureuil) (2006) 65cm x 54cm
La coccinelle (2006) 73cm x 60cm
Le brochet (2005) 41cm x 33cm
Les collines et la mer (2005) 33cm x 24cm
Sous l'eau (2005) 33cm x 24cm
Le dolmen sous-marin (2005) 35cm x 27cm
La feuille (2006) 61cm x 50cm

---

[1] carte d'art : https://www.amazon.fr/TUGDUAL-galerie-Cernunos/dp/B08HY2FJRV
[2] carte d'art : https://www.amazon.fr/TUGDUAL-galerie-Tropical-sucré/dp/B08HY2RDVS
[3] carte d'art : https://www.amazon.fr/TUGDUAL-galerie-Icare-la-souris/dp/B08HY1HPMG

TERRE-CIEL-MER

TUGDUAL

LE PONT

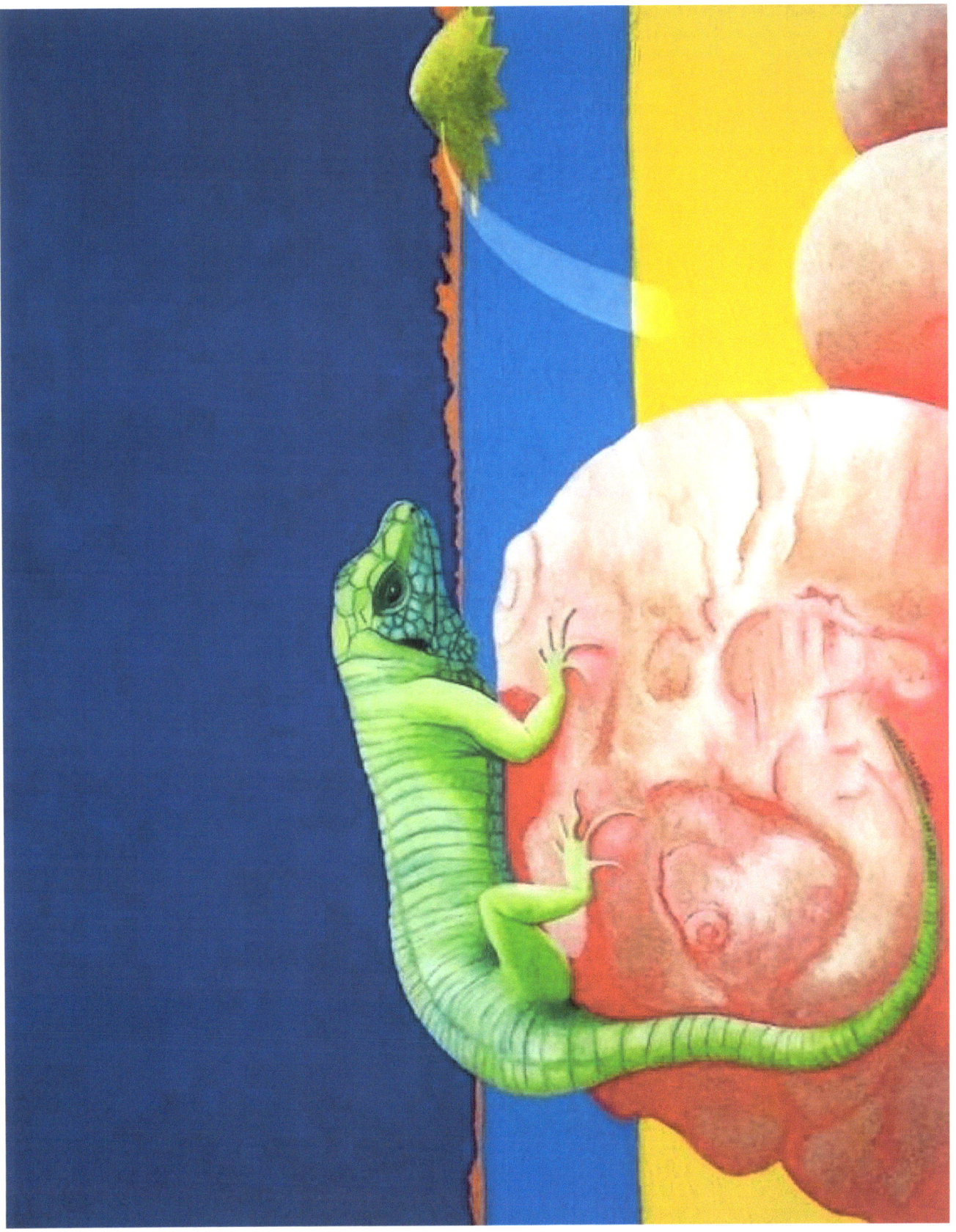

TERRE-CIEL-MER

TUGDUAL

DEUX SINGES

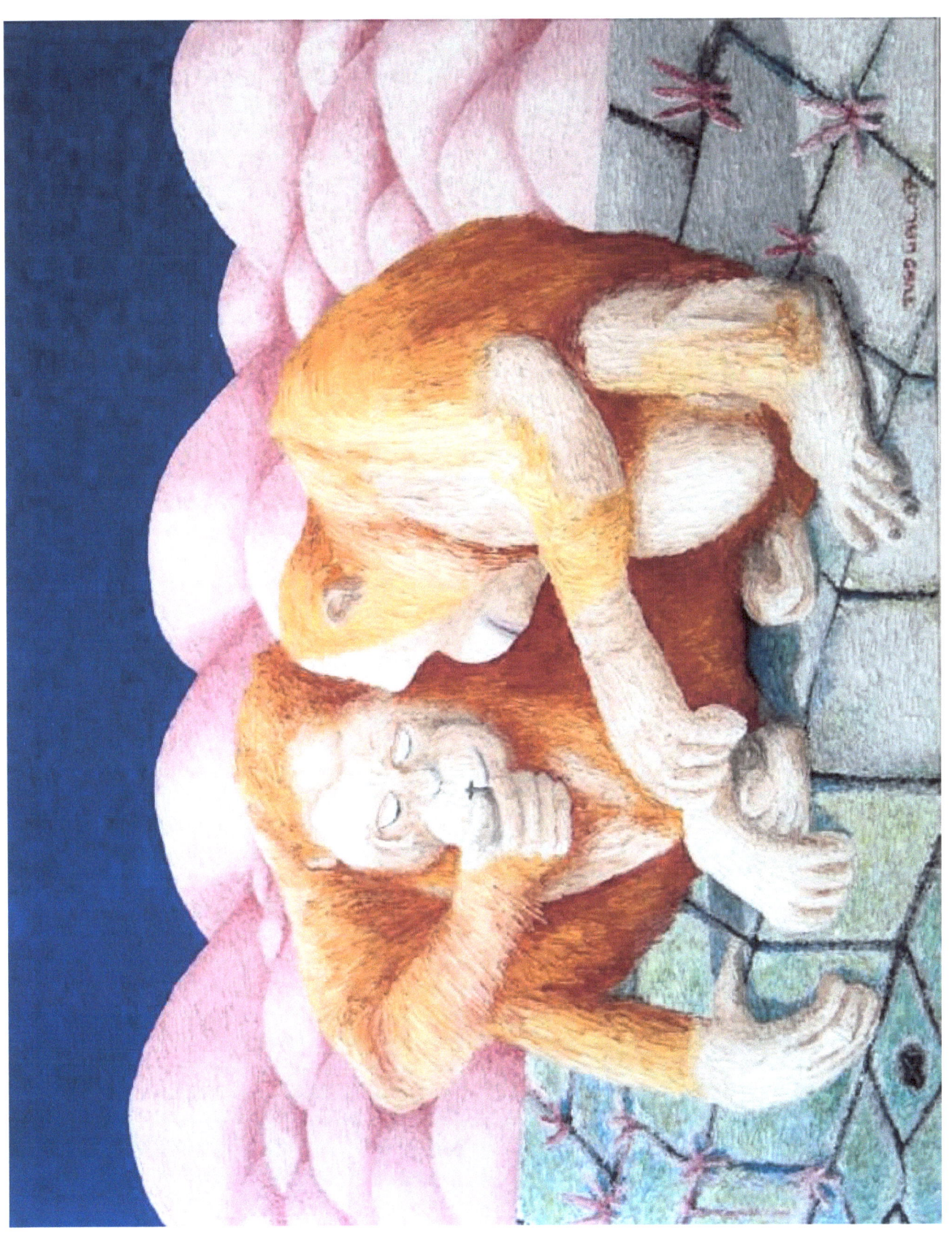

TERRE-CIEL-MER

TUGDUAL

UN LÂCHER DE SUPERSTITION

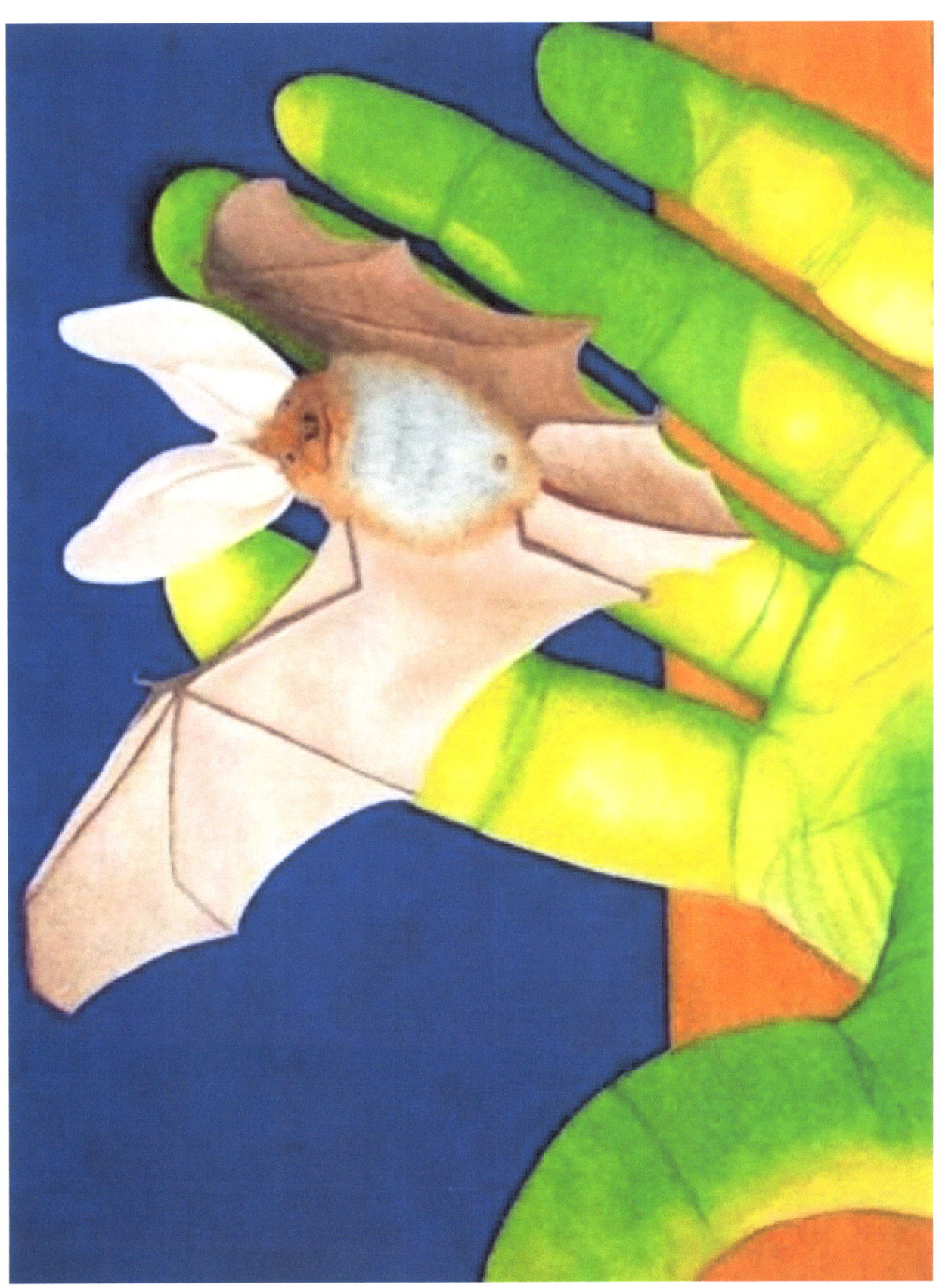

… TERRE-CIEL-MER

TUGDUAL

PRÈS DE LA MER

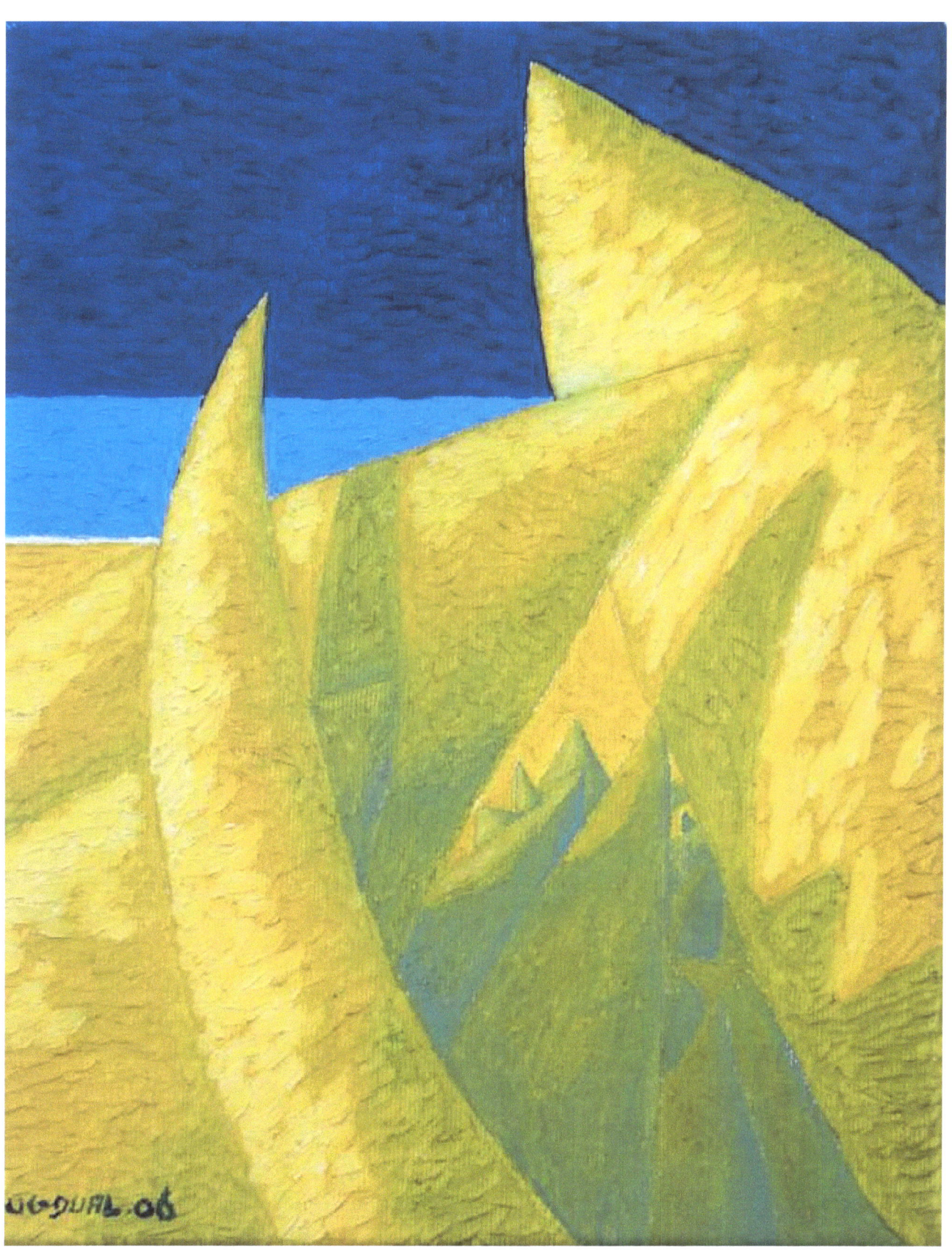

TERRE-CIEL-MER

RÉVOLUTION INDUSTRIELLE

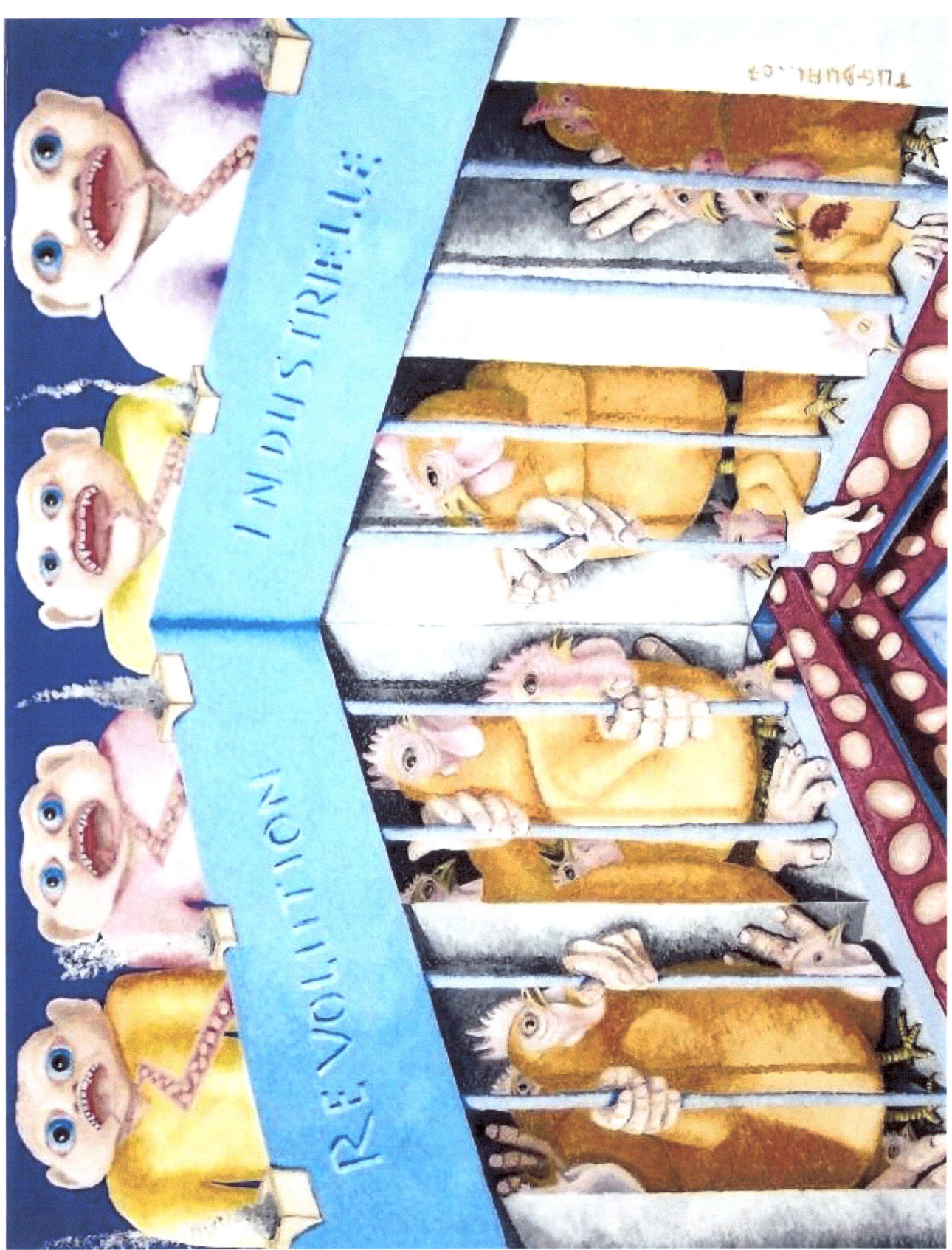

TERRE-CIEL-MER

TSUNAMI

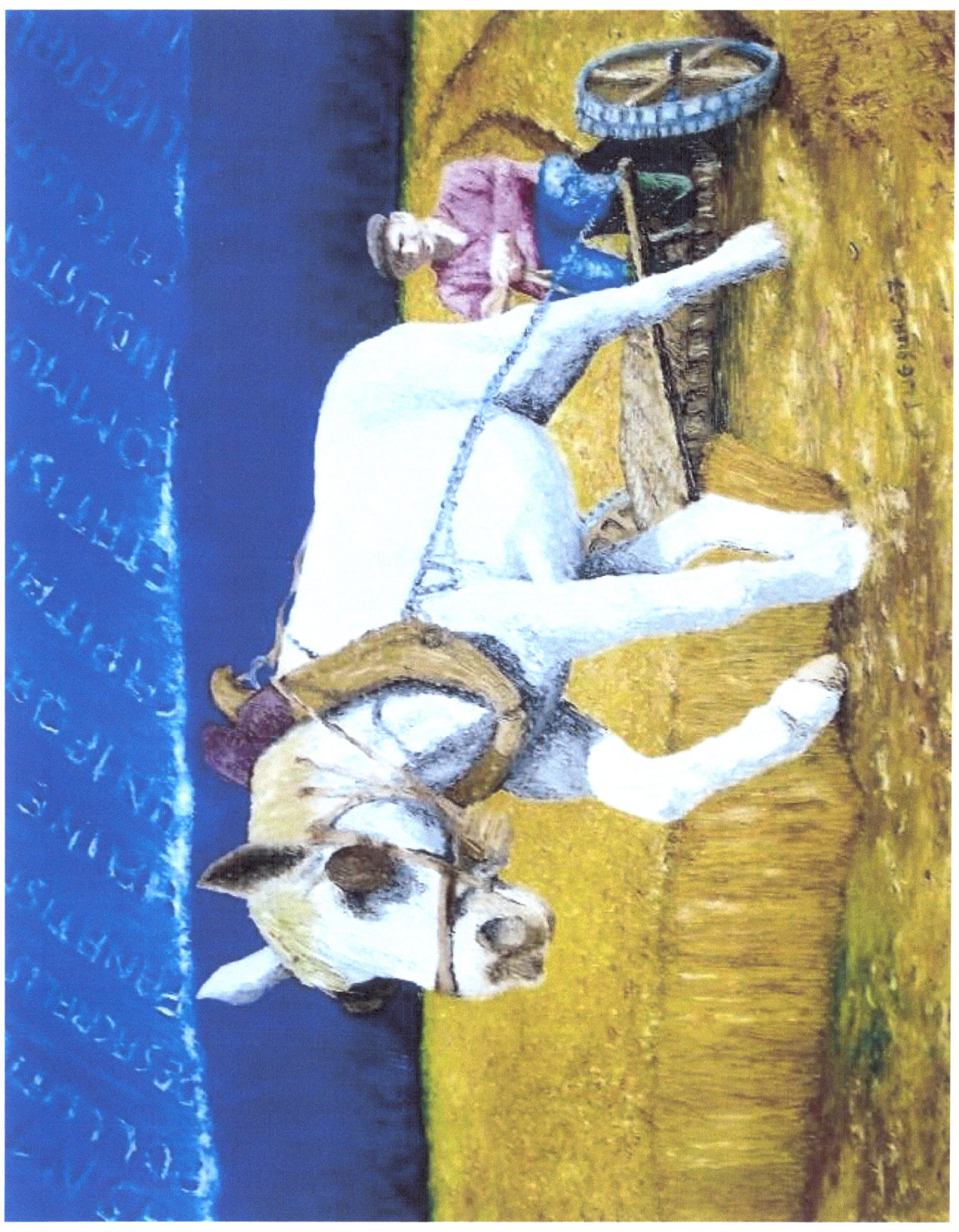

TERRE-CIEL-MER

CERNUNOS

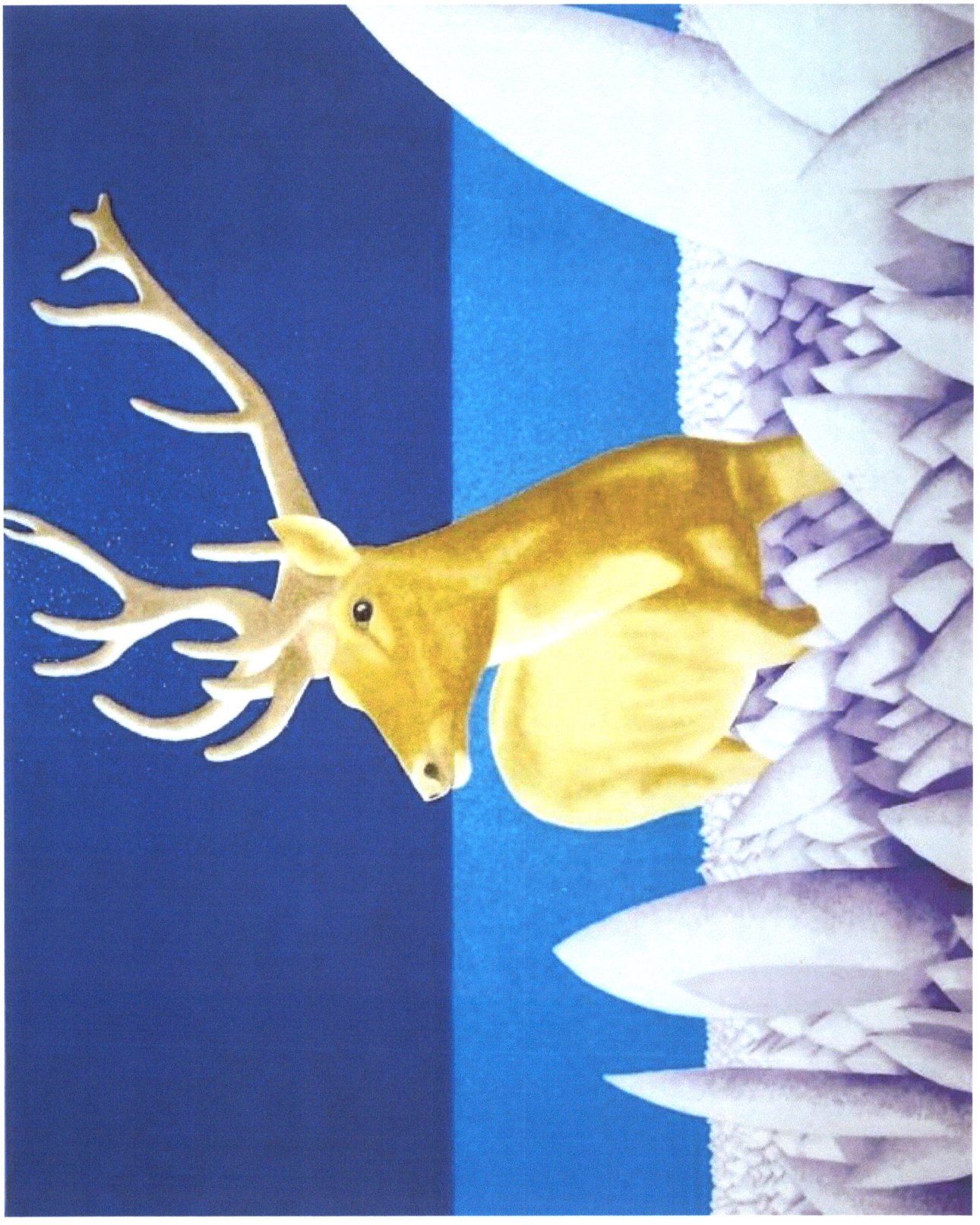

TERRE-CIEL-MER

TUGDUAL

LA QUÊTE DU GRAAL

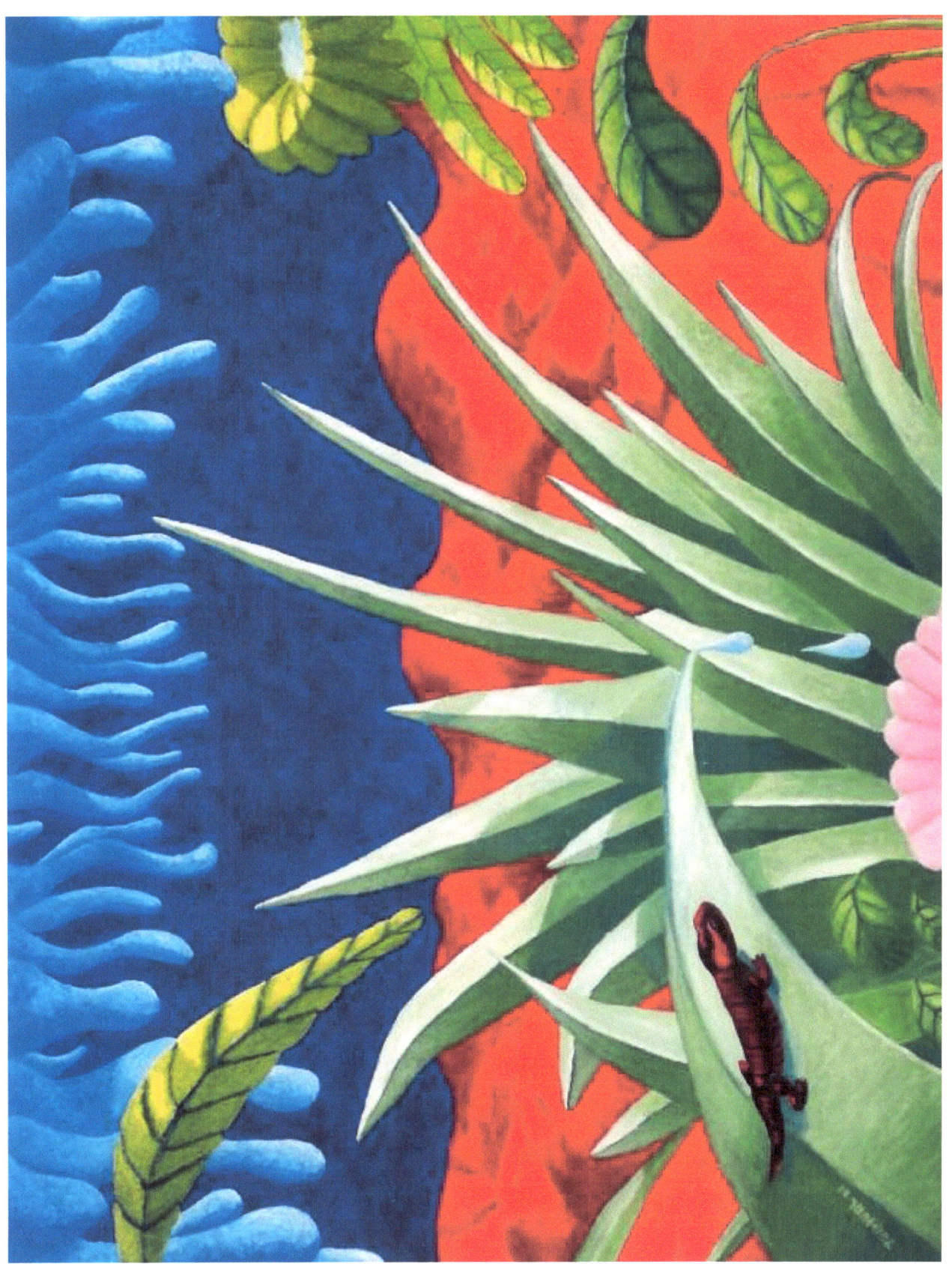

TERRE-CIEL-MER

TUGDUAL

AVALON

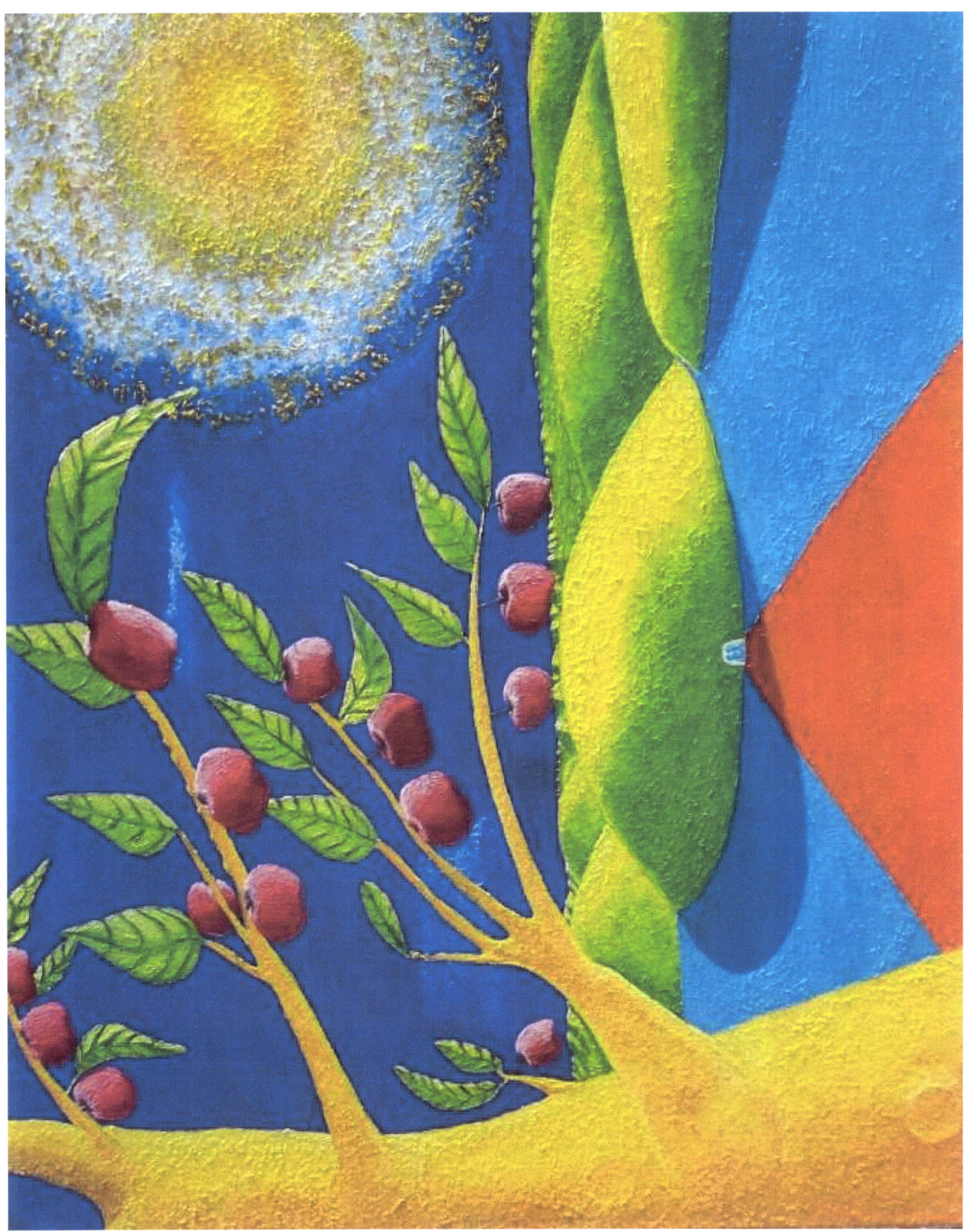

TERRE-CIEL-MER

TUGDUAL

LE TEMPS PASSÉ DES PAPILLONS

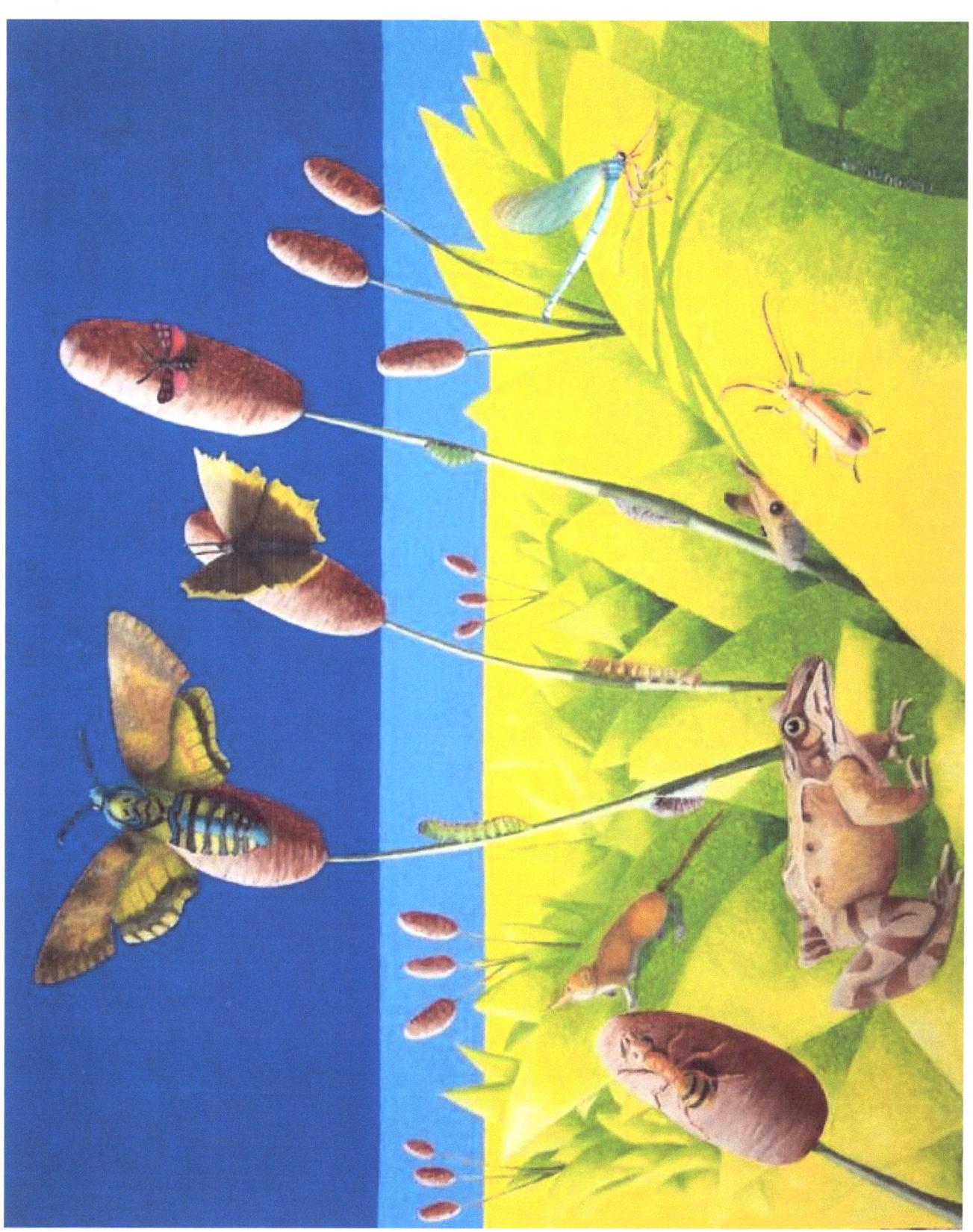

TERRE-CIEL-MER

TUGDUAL

TROPICAL SUCRÉ

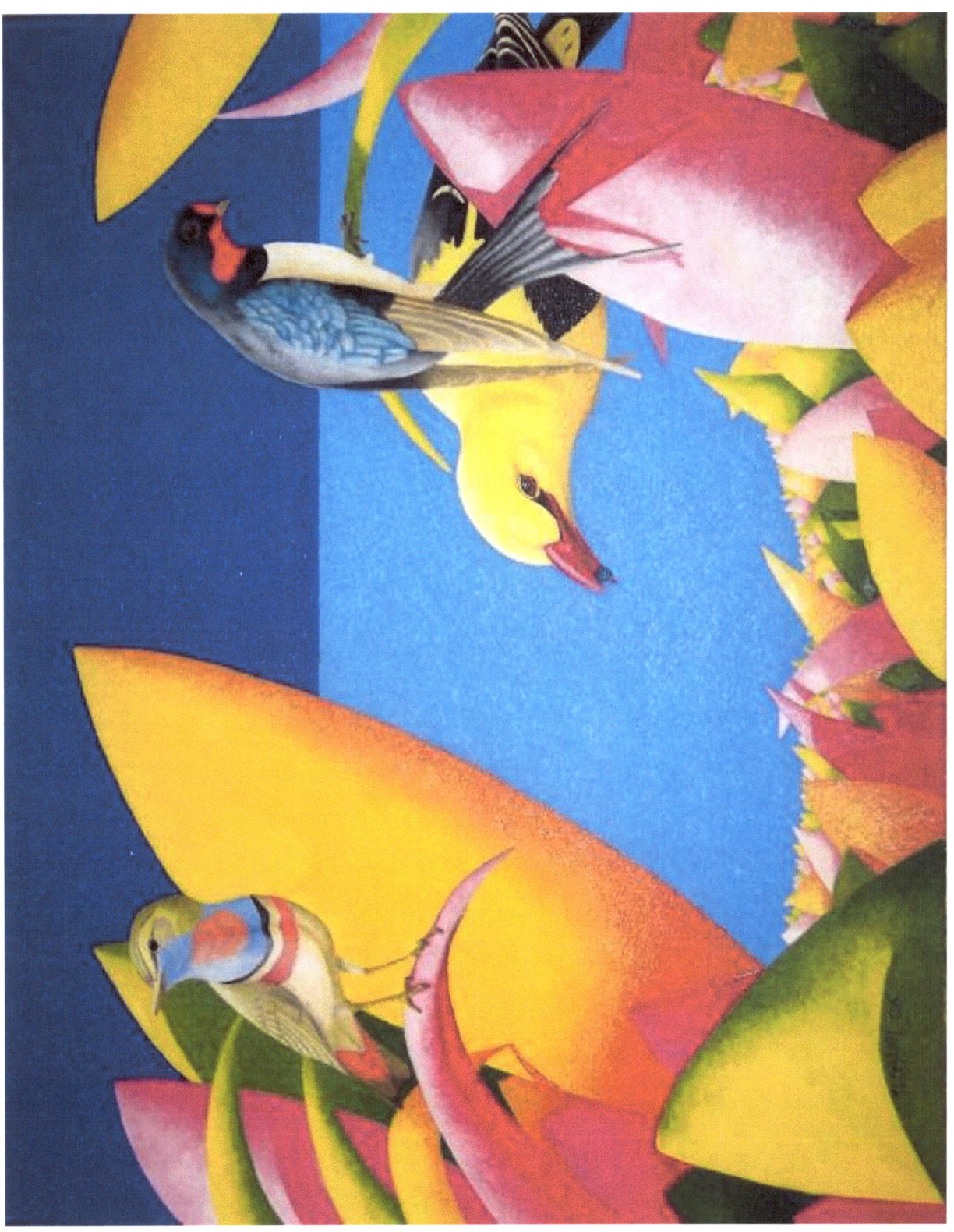

TERRE-CIEL-MER

TUGDUAL

DUNE DE FEUILLES ENSOLEILLÉES

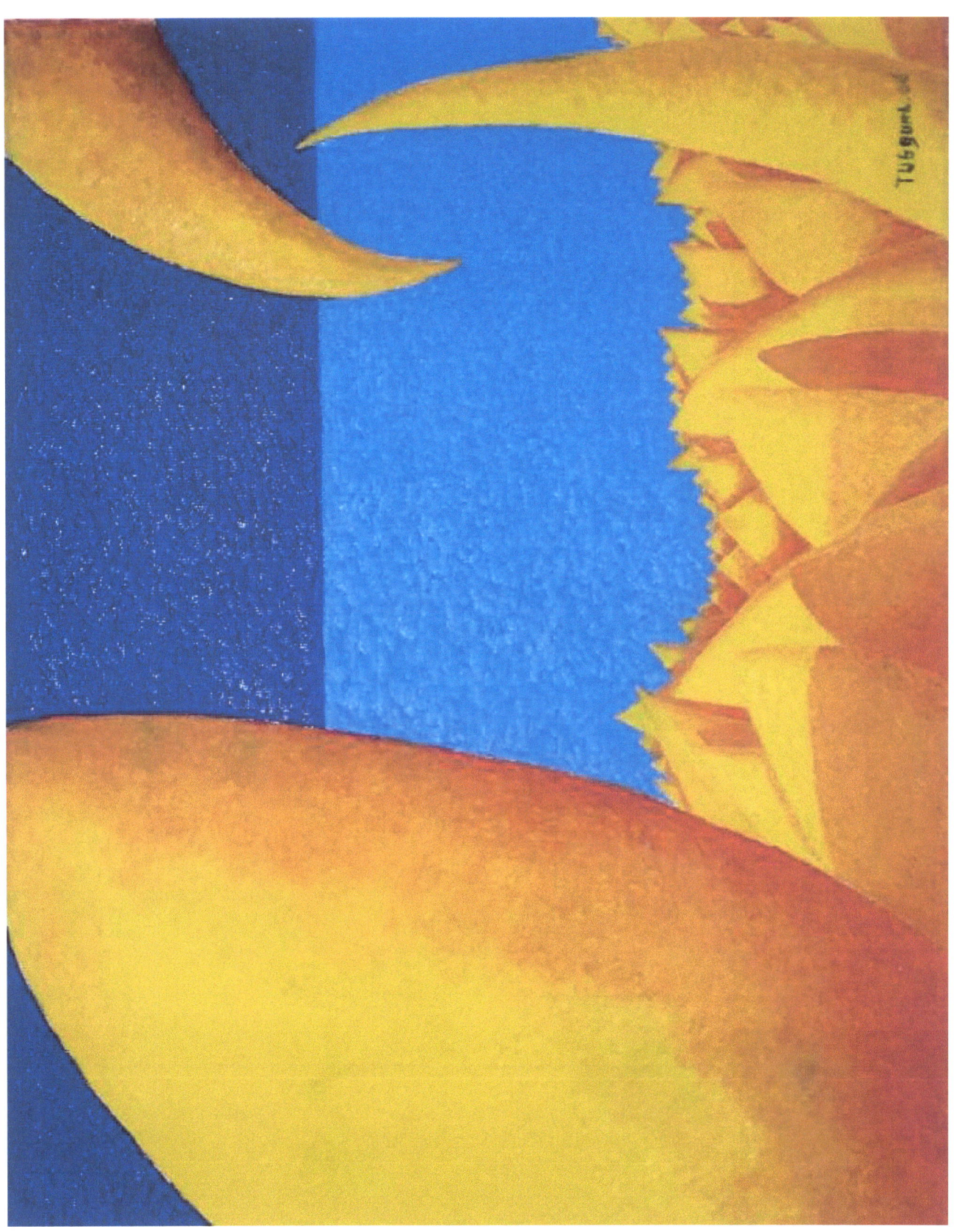

TERRE-CIEL-MER

TUGDUAL

UN LYNX DANS LA NUIT

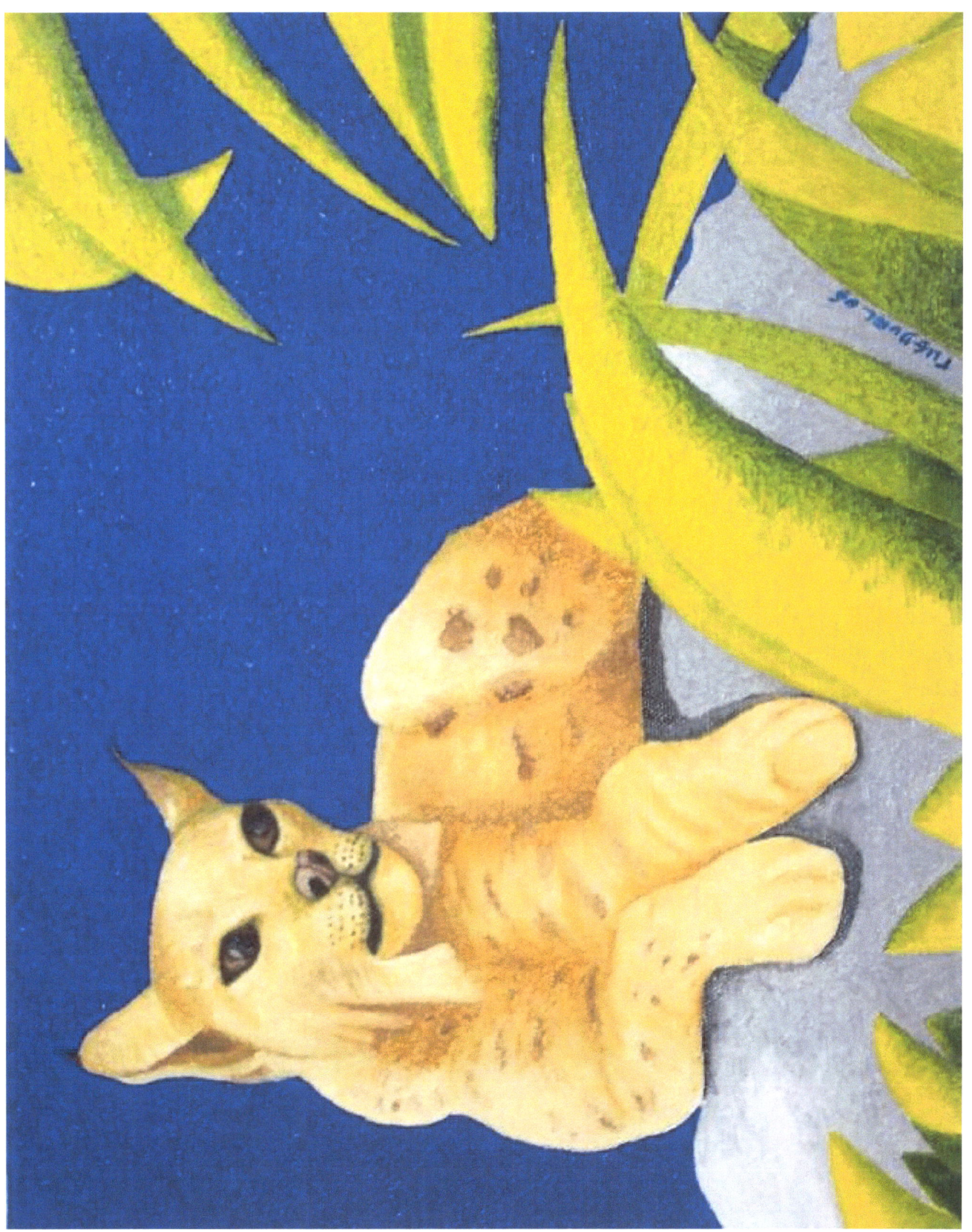

TERRE-CIEL-MER

UN GRAND CORBEAU SUR LA DUNE

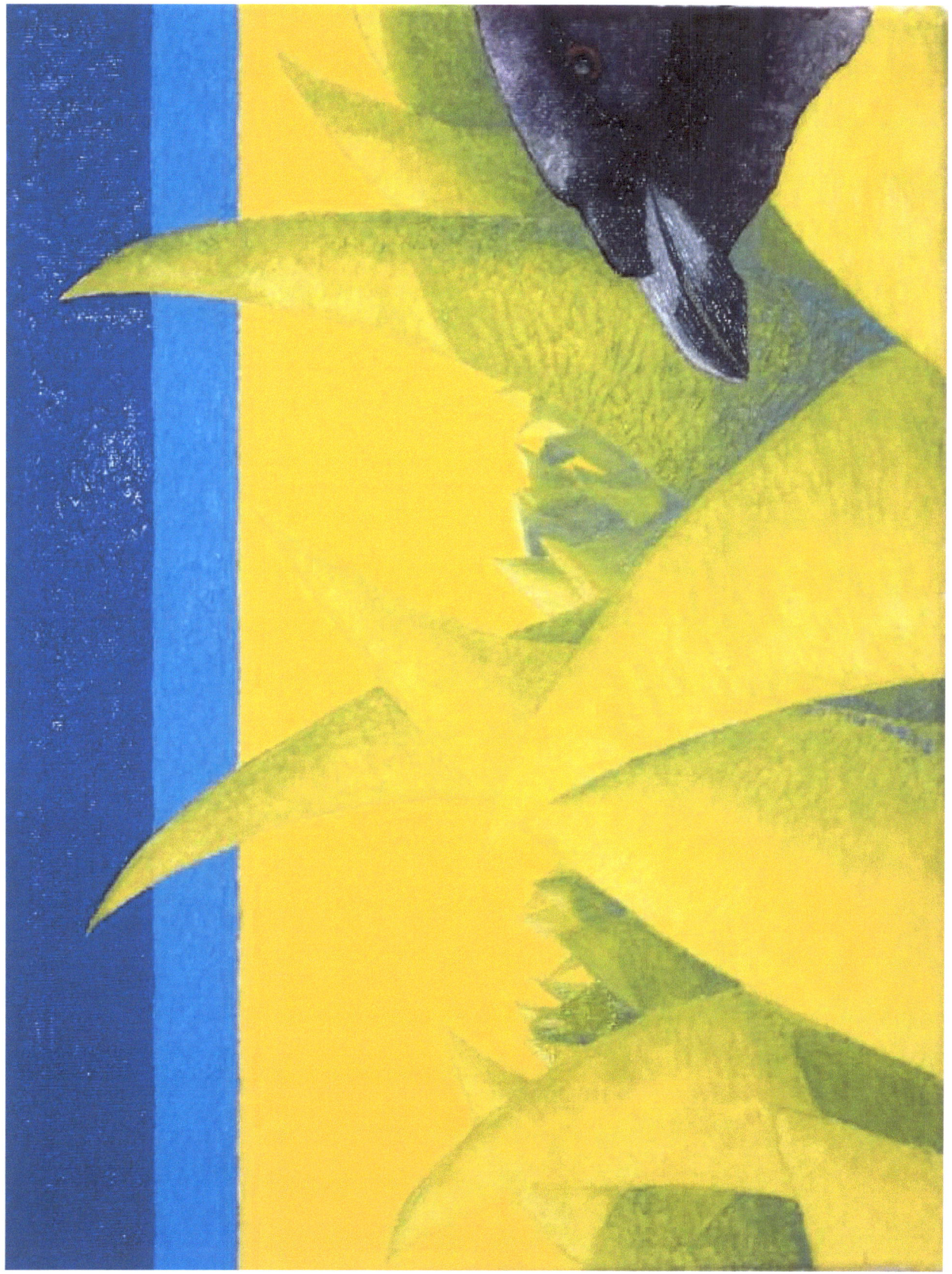

TERRE-CIEL-MER

TUGDUAL

FORÊT SUCRÉE

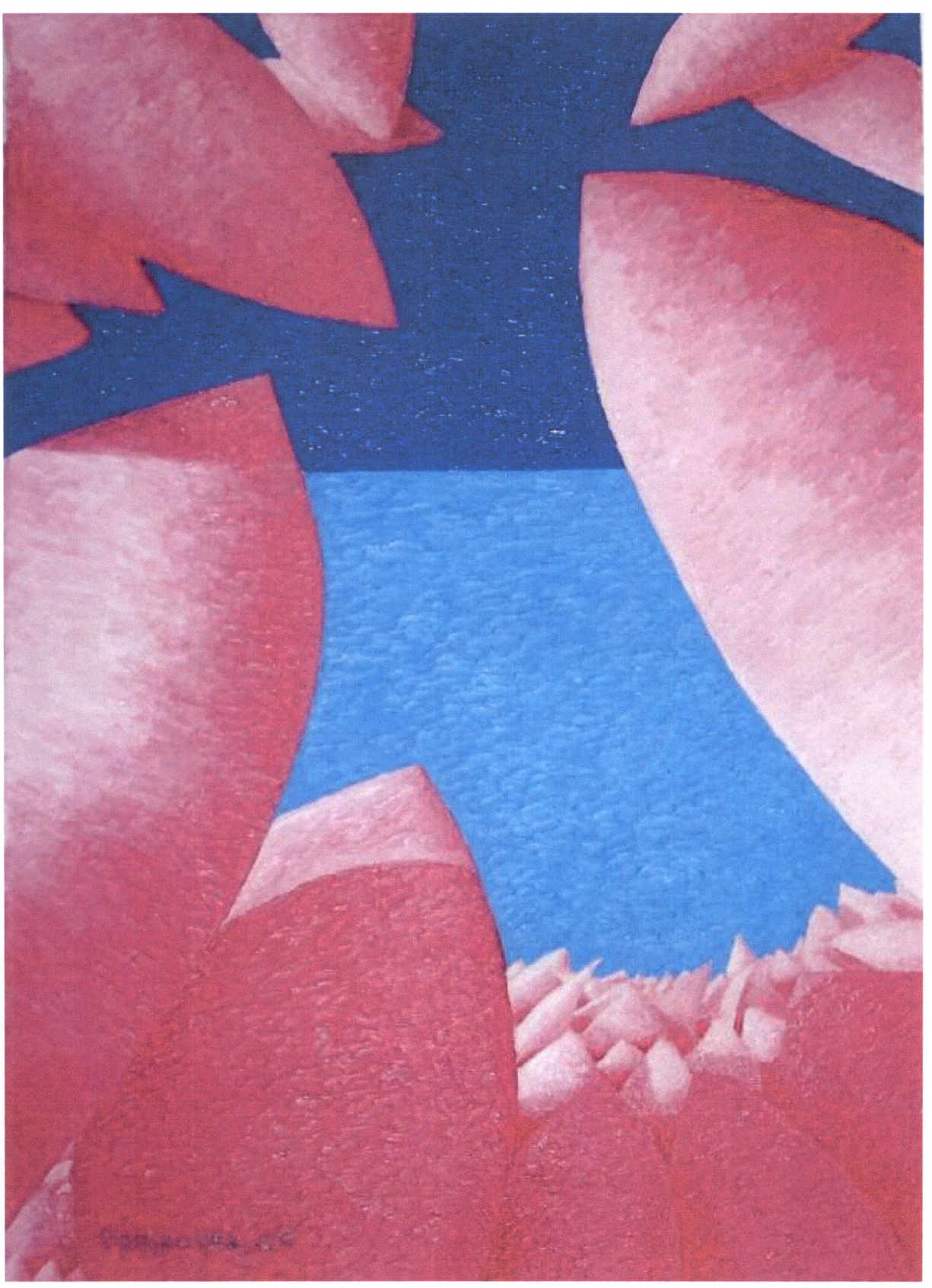

TERRE-CIEL-MER

TUGDUAL

ICARE LA SOURIS

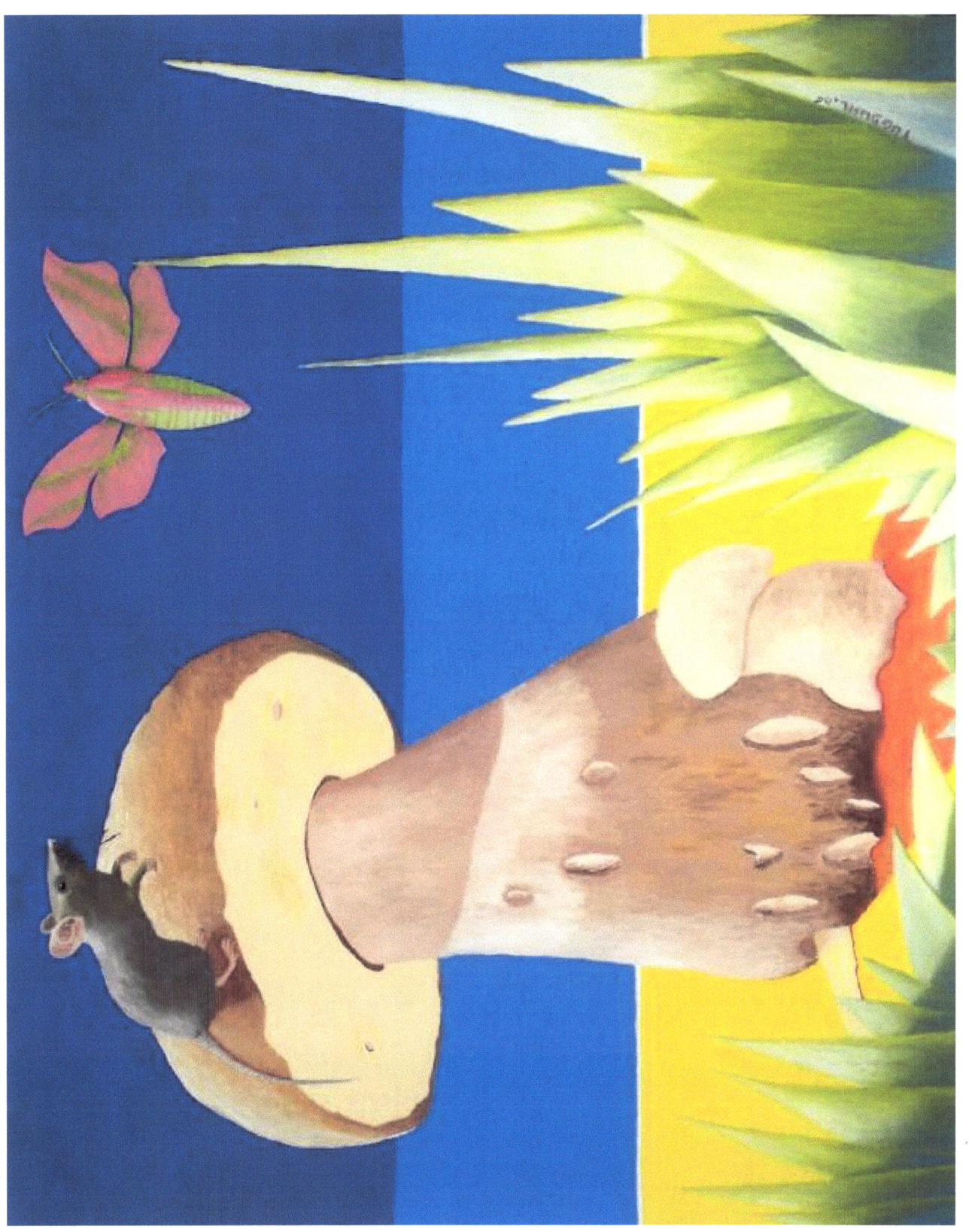

TERRE-CIEL-MER

TERRE-CIEL-MER

COBRAS

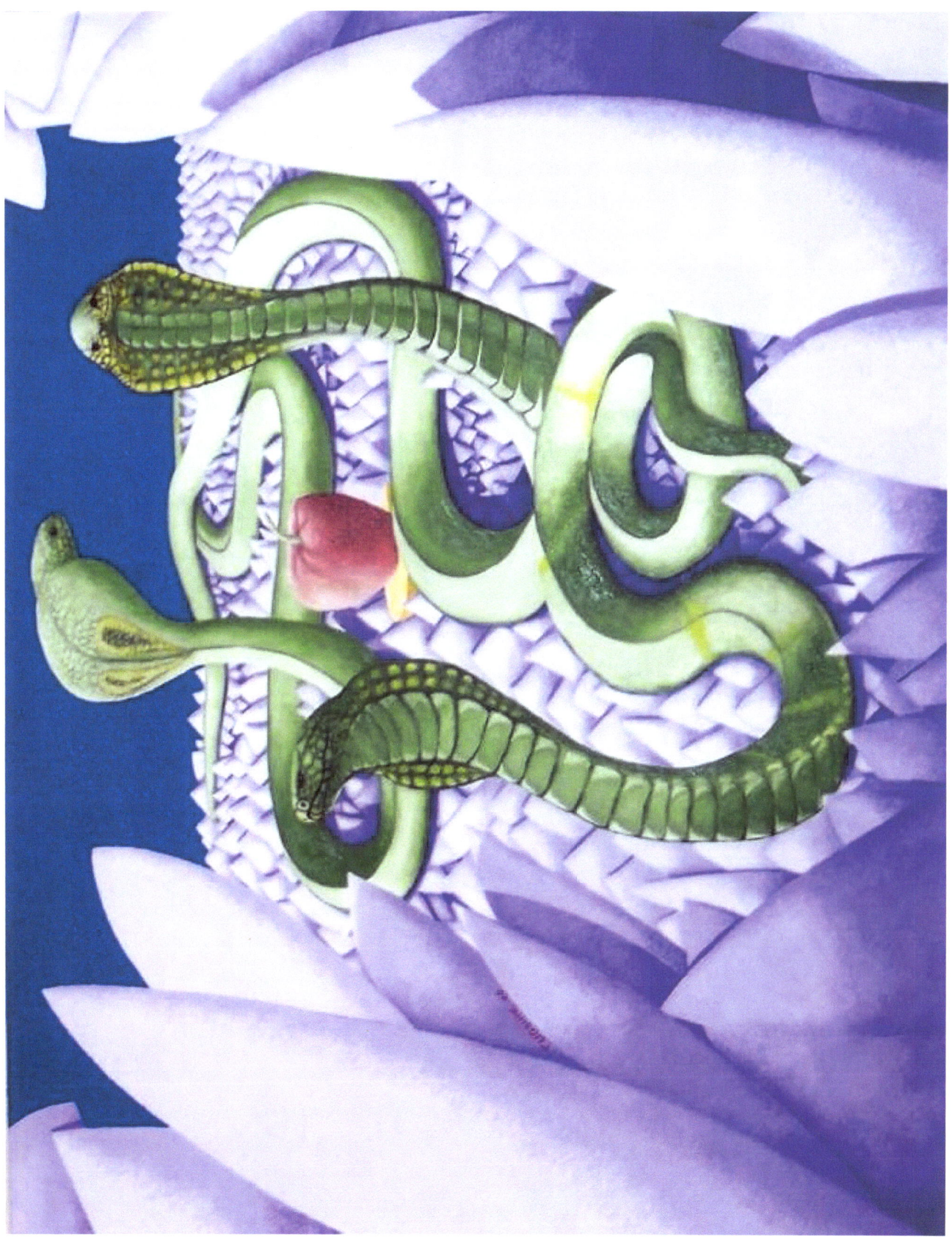

TERRE-CIEL-MER

SACRIFICE DU SINGE

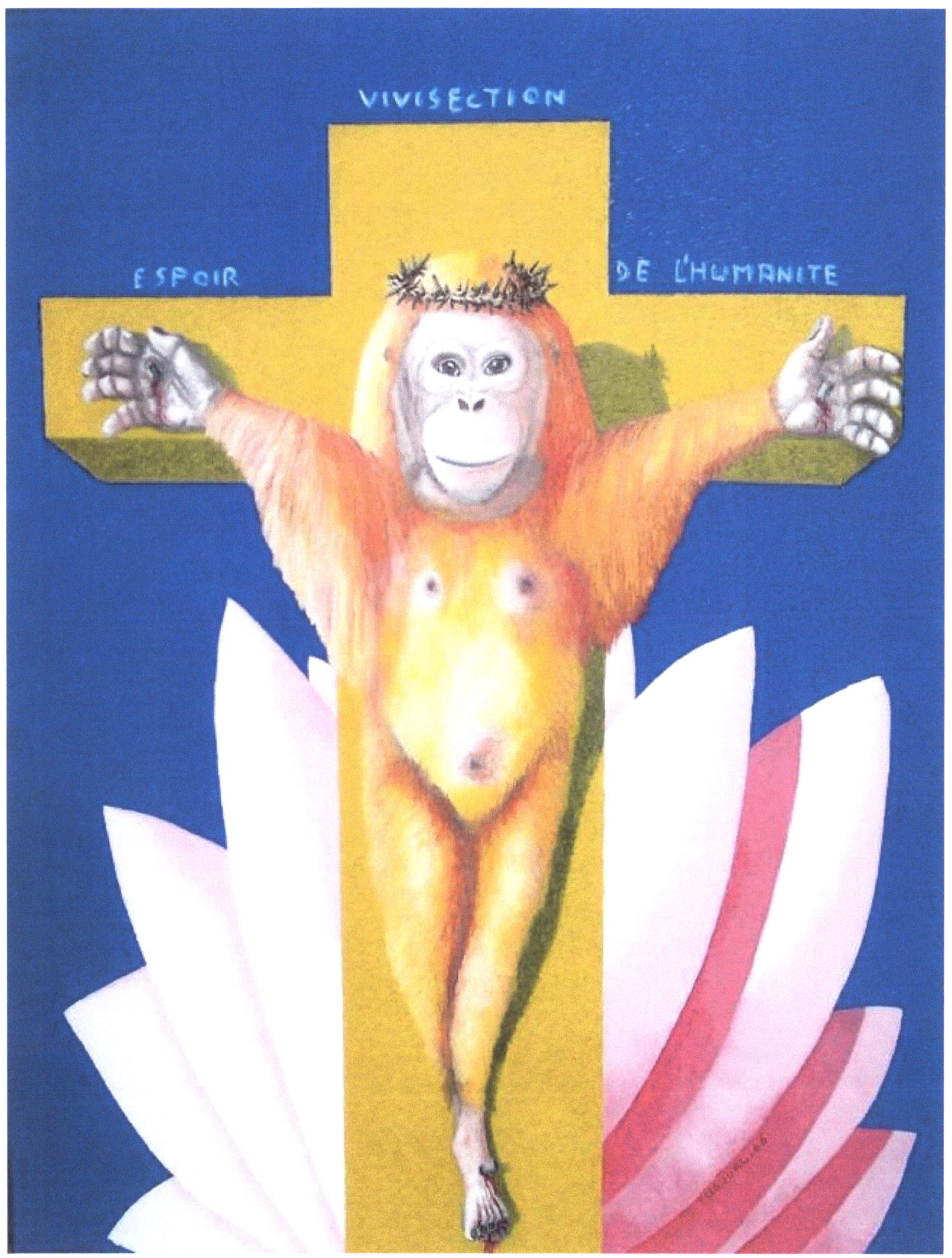

TERRE-CIEL-MER

LE ROI DU MONDE

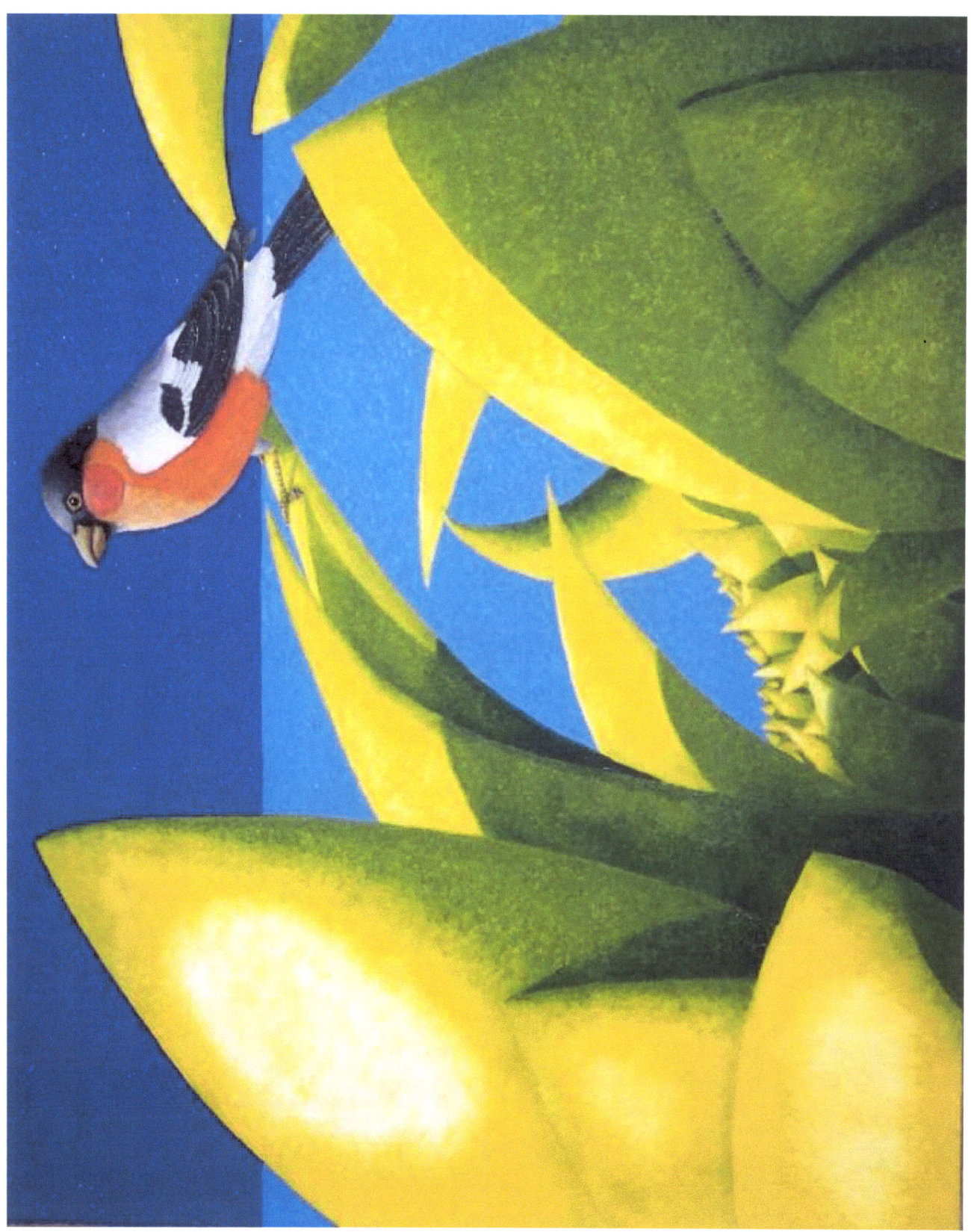

TERRE-CIEL-MER

TUGDUAL

RÊVE D'AUTOMNE

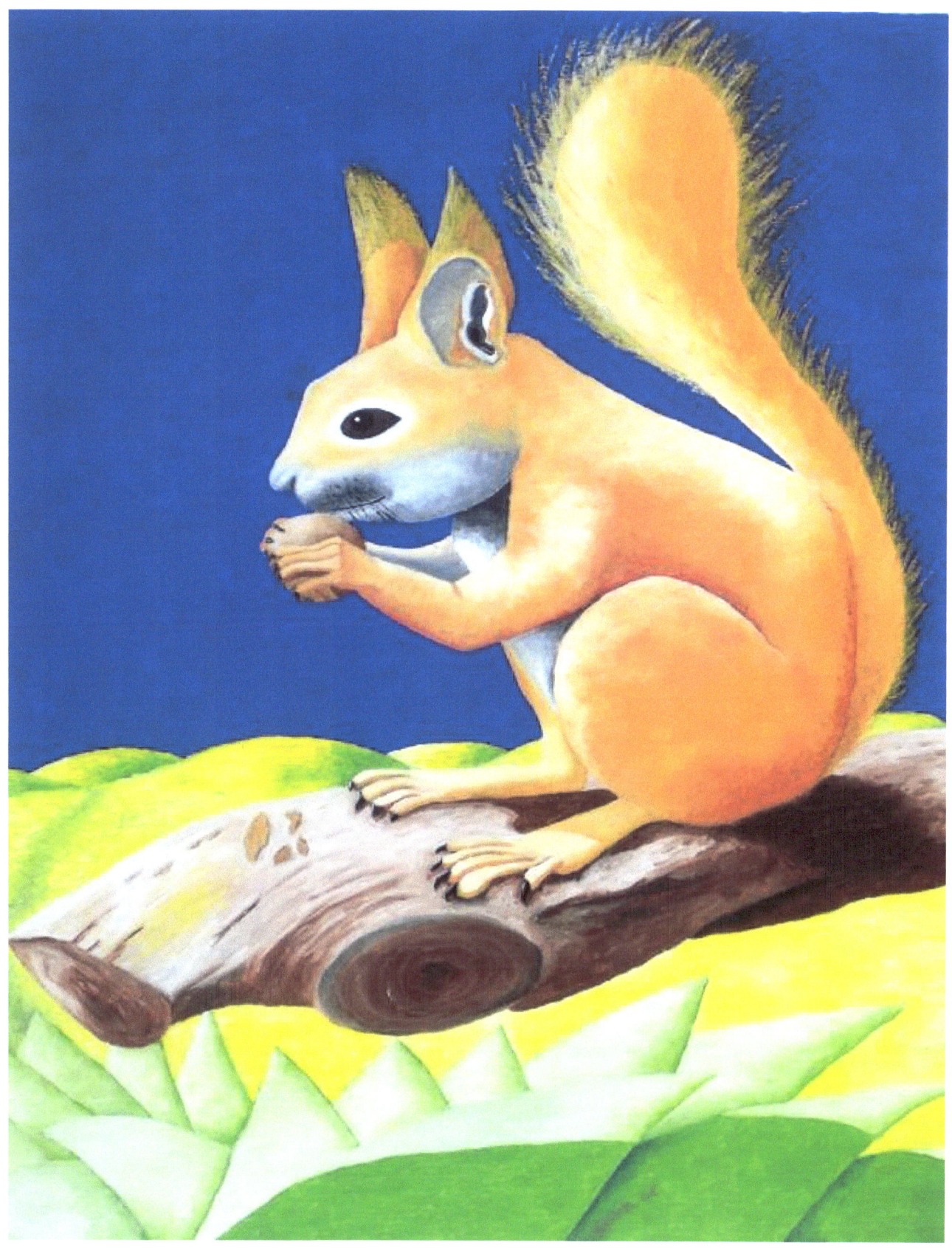

TERRE-CIEL-MER

TUGDUAL

LA COCCINELLE

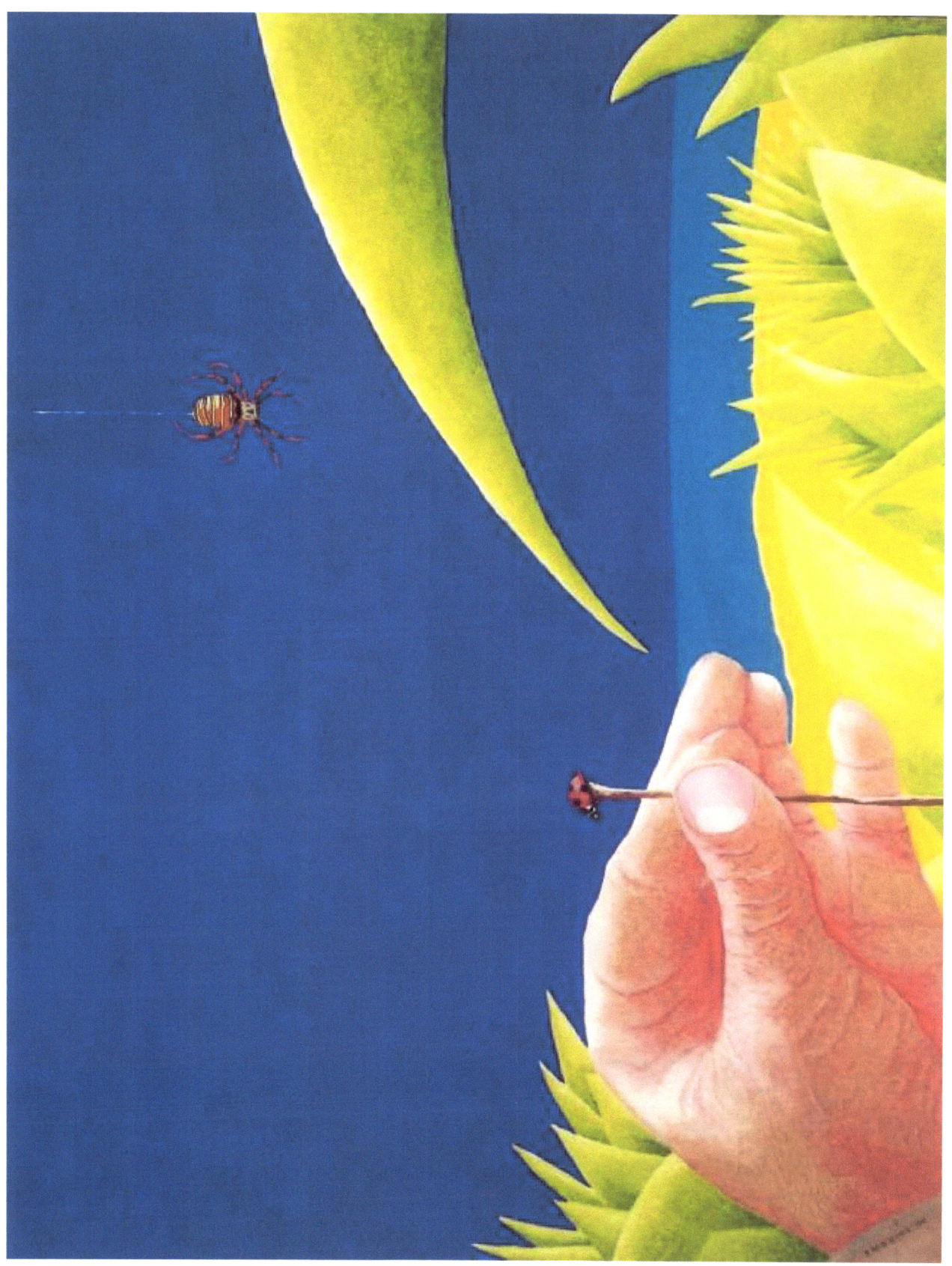

TERRE-CIEL-MER

TUGDUAL

LE BROCHET

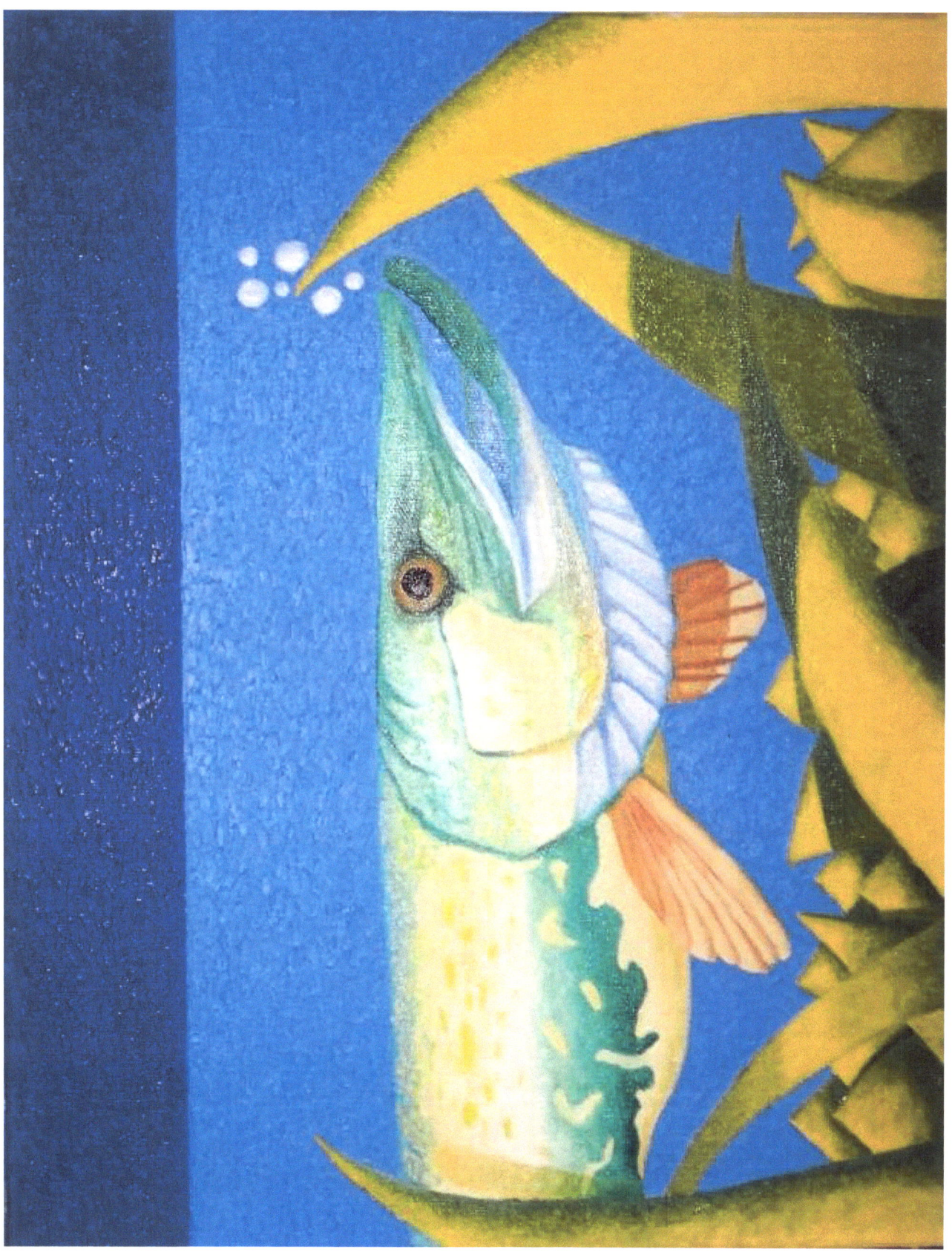

TERRE-CIEL-MER

TUGDUAL

LES COLLINES ET LA MER

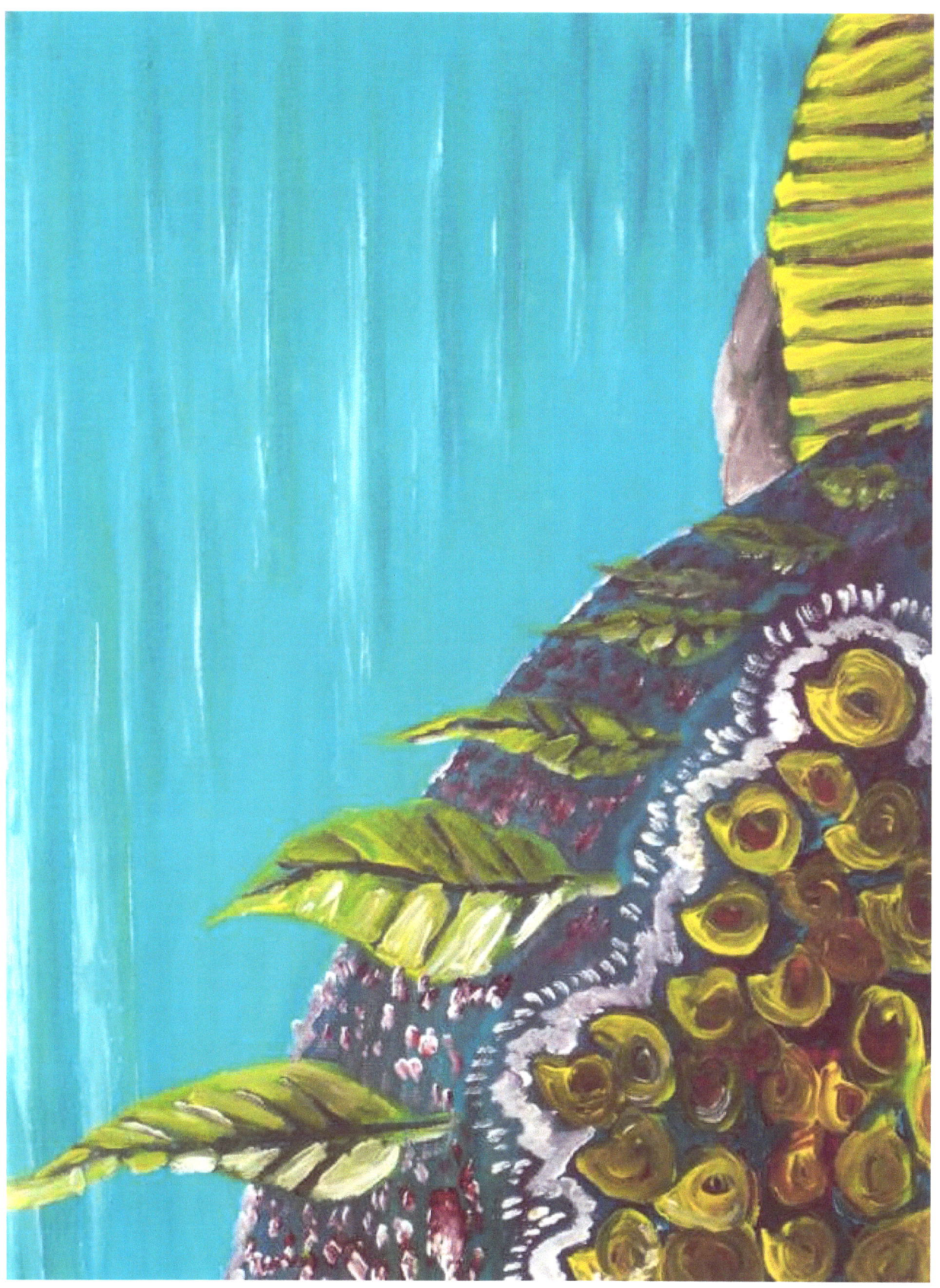

TERRE-CIEL-MER

TUGDUAL

SOUS L'EAU

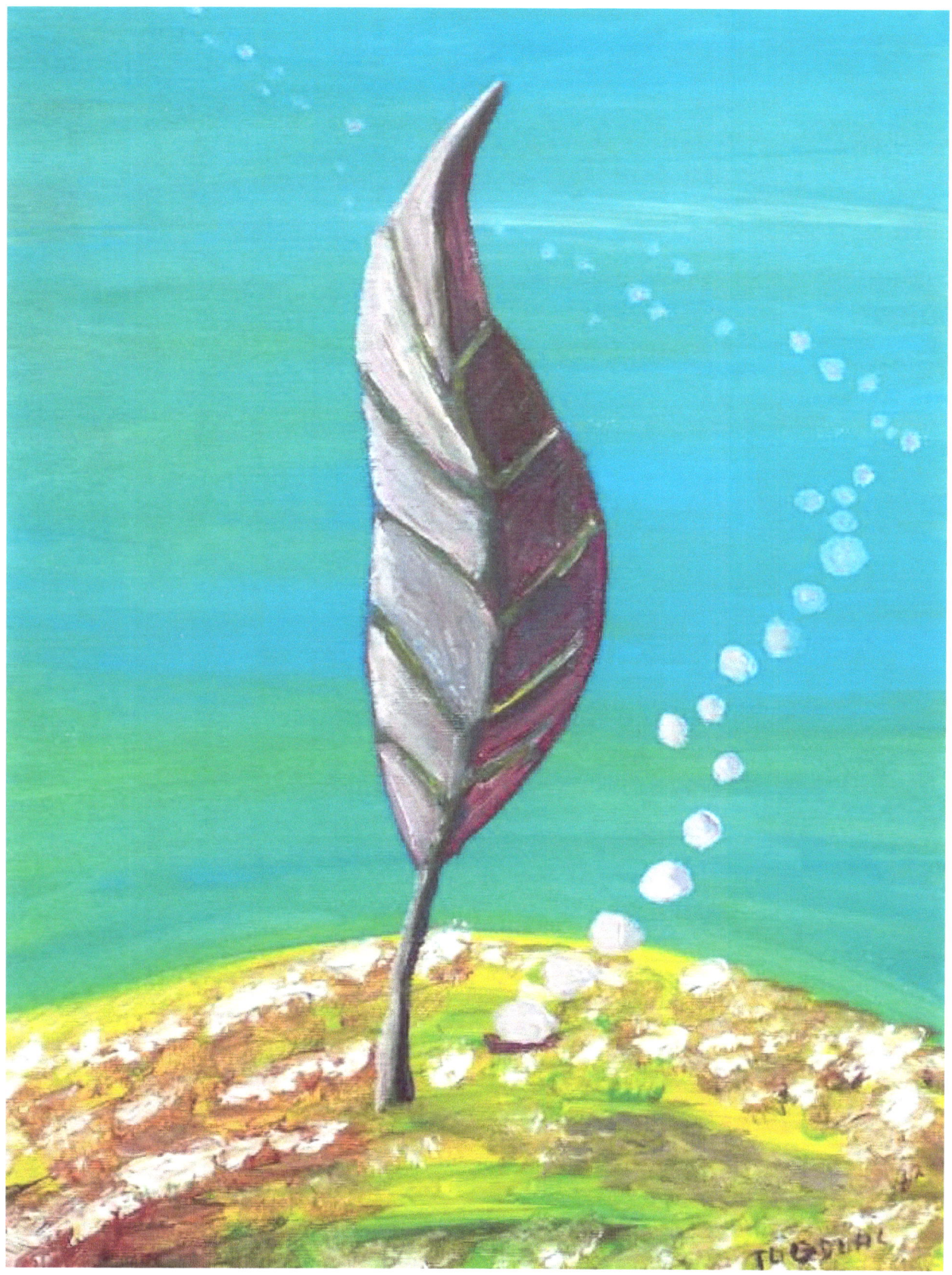

TERRE-CIEL-MER

TUGDUAL

LE DOLMEN SOUS-MARIN

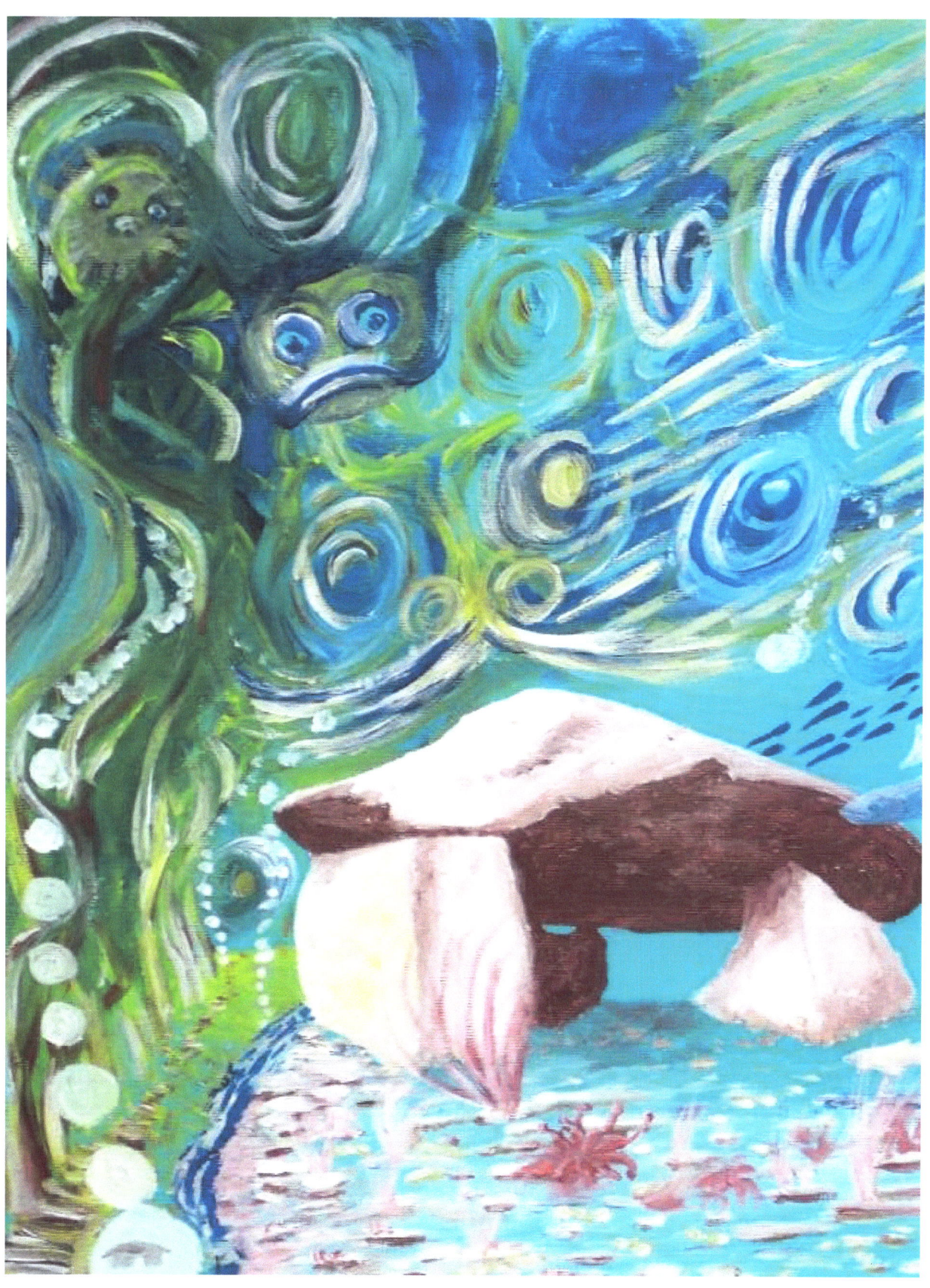

TERRE-CIEL-MER

TUGDUAL

LA FEUILLE

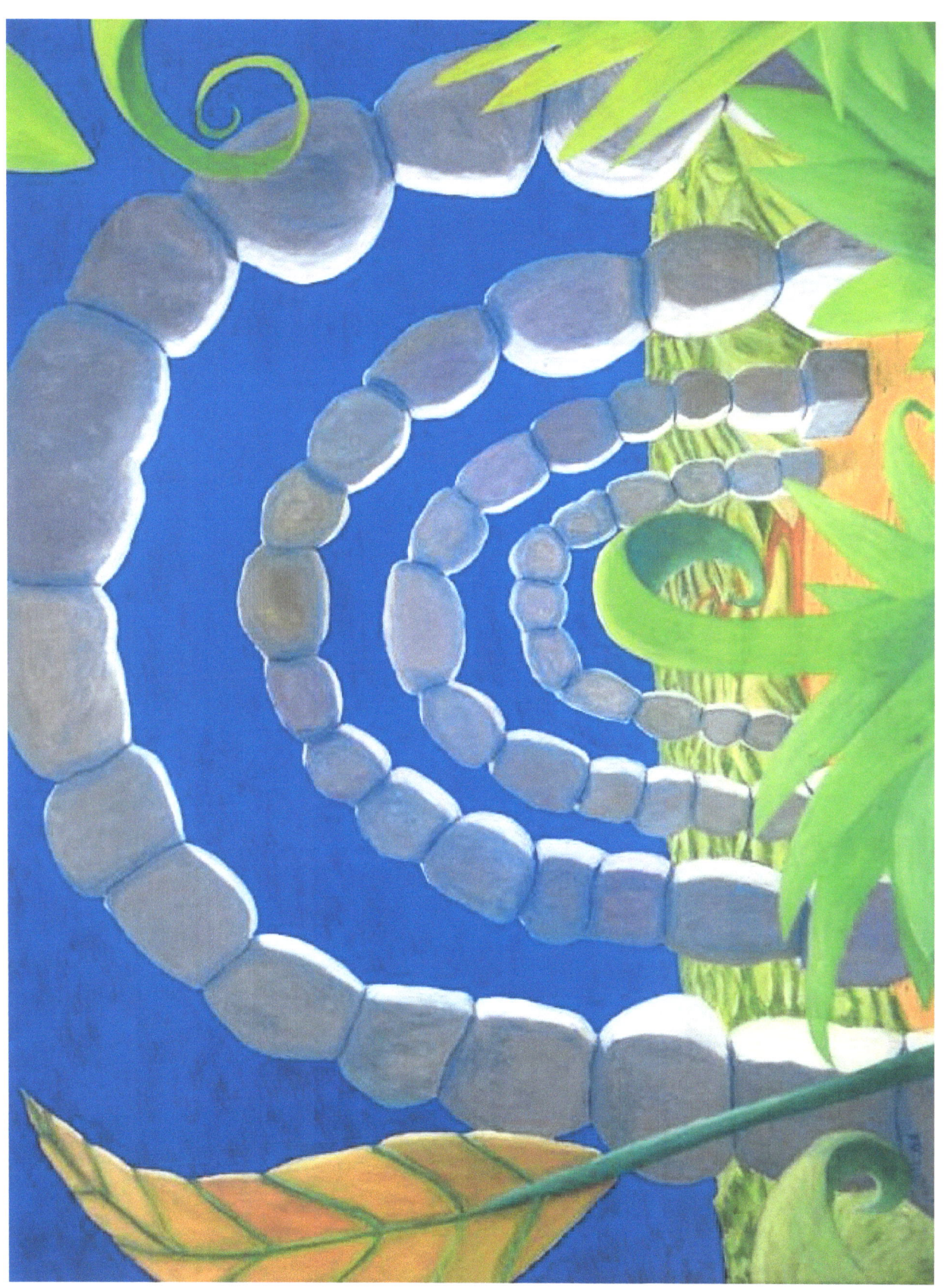

TERRE-CIEL-MER

CONCLUSION

Que le rêve vous accompagne après cette effeuillage de couleurs et de formes.

N'oubliez pas de garder en mémoire le beau (le beau pour soi avant tout) et l'idée que la nature est maîtresse de notre liberté, et pour cette raison, respectons-la.

TERRE-CIEL-MER

À PROPOS DE L'ARTISTE PEINTRE

TUGDUAL est un artiste inspiré par de grands peintres très différents (Émile Bernard, Eugène Boudin, Jean Eugène Buland) dont certains sont issus de sa Bretagne natale (Mathurin Méheut, Paul Sérusier et Maxime Maufrat). Ils sont venus régulièrement peindre à Pont-Aven. Mais aussi par les enluminures des moines celtes chrétiens et notamment par celles du livre de Kells (enluminures sur parchemin, Irlande, fin du VIIIe siècle ou début du IXe siècle). Il offre au public un large choix pictural (ses œuvres aux palettes variées, aux personnages déjantés et oniriques) passant au gré de sa fantaisie du style figuratif à l'abstrait. De quoi satisfaire les visiteurs. Émotions garanties !